LUCY SE TOMA UNAS VACACIONES

To Jennifer—S.M.

The illustrations were done using a combination of gouache and watercolor, graphite and colored pencil, and oil pastel.

Copyright © 1998 by Salvatore Murdocca

All rights reserved. No part of this publication may be reproduced, except in the case of quotation for articles or reviews, or stored in any retrieval system, or transmitted in any form or by any means, electronic, mechanical, photocopying, recording, or otherwise, without written permission from the publisher.

For information contact:
MONDO Publishing
980 Avenue of the Americas, New York, NY 10018
Visit our website at www.mondopub.com

Printed in China
10 11 12 13 14   PB   11 10 9 8 7 6 5
10 11 12 13 14   SP   9 8 7 6 5 4 3 2 1
ISBN 1-57255-560-2 (HC)   1-57255-561-0 (PB)   1-60175-603-8 (SP)
Designed by Mina Greenstein

Library of Congress Cataloging-in-Publication Data
Murdocca, Salvatore.
  Lucy takes a holiday / Salvatore Murdocca.
      p.   cm.
  Summary: Lucy the dog gets tired of her family and decides to take a well-deserved vacation trip to Dogwood Island.
  ISBN 978-1-60175-603-9 (hardcover : alk. paper). --- ISBN 1-60175-603-8 (pbk. : alk. paper)
    [1. Dogs—Fiction. 2. Vacations—Fiction.] I. Title.
PZ7.M94Lu   1998
[Fic]—DC21   97-10789
                                                                  CIP
                                                                  AC

LUCY SE TOMA UNAS VACACIONES

SALVATORE MURDOCCA

Para Lucy, era el peor de los días. Hacía tanto calor, que sólo quería que la dejaran en paz en un lugar fresco y a la sombra.

Sin embargo, todo salía mal.

Bárbara hizo que Lucy corriera y recuperara una pelota de tenis casi cien veces. Luego, Anthony encontró el disco volador de Lucy, y ella pasó la siguiente hora corriendo y saltando.

Exhausta, Lucy se acostó para descansar. Fue entonces cuando el niñito que vive calle arriba le dio un tirón juguetón a su cola.

Y antes de que pudiera evitarlo, Lucy hizo saber al niño que eso no le gustaba.

—¡Grrrr, guau! —ladró indignada, y el niño se fue corriendo a casa.

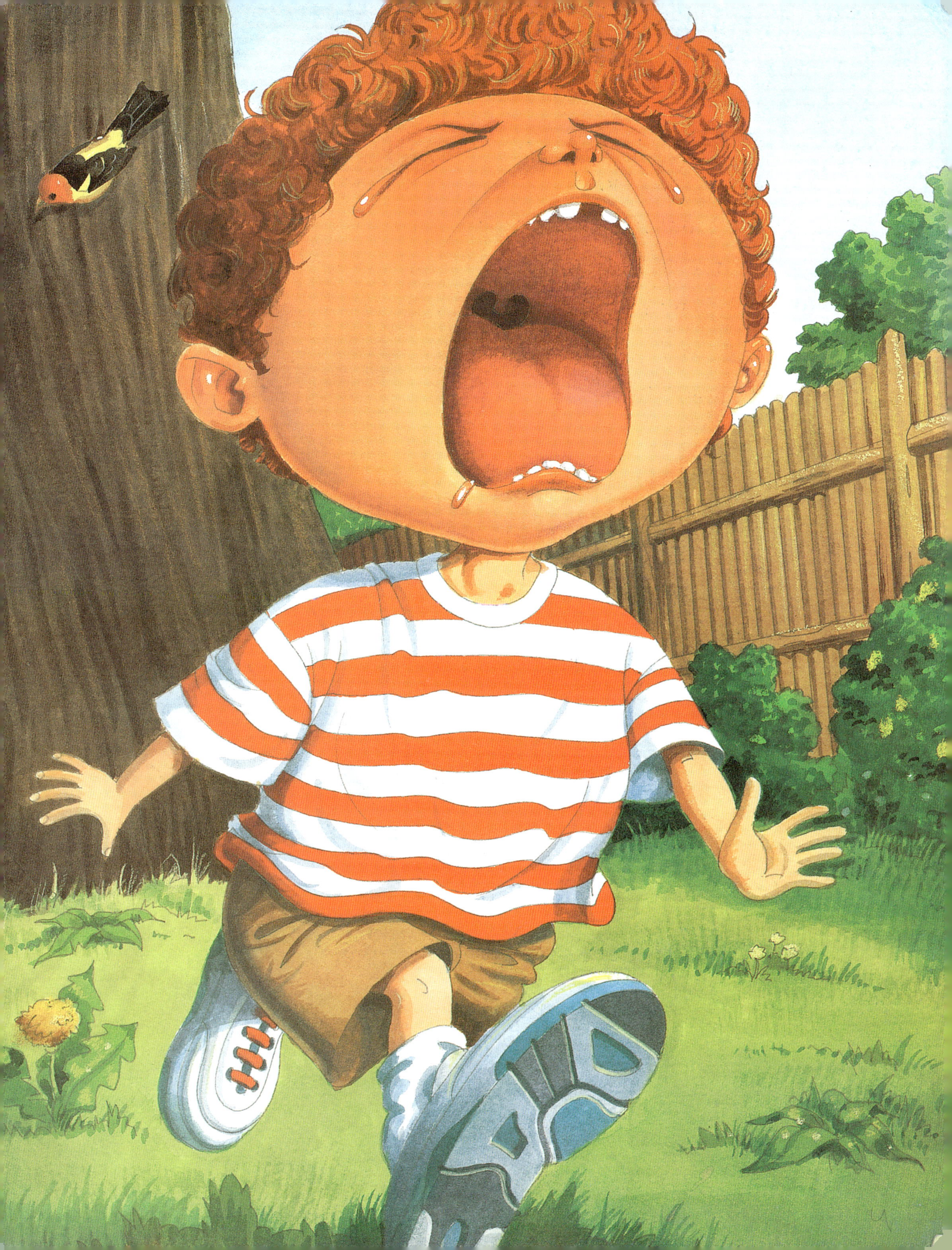

Minutos más tarde, el niño volvió, acompañado por su padre.

—Su perro es muy agresivo —le reclamó el padre del niño a mamá.

—¡Perro malo! —regañó mamá a Lucy.

¡Lucy estaba avergonzada! Tenía ganas de aullar, pero sólo agachó la cabeza e intentó demostrar lo arrepentida que estaba.

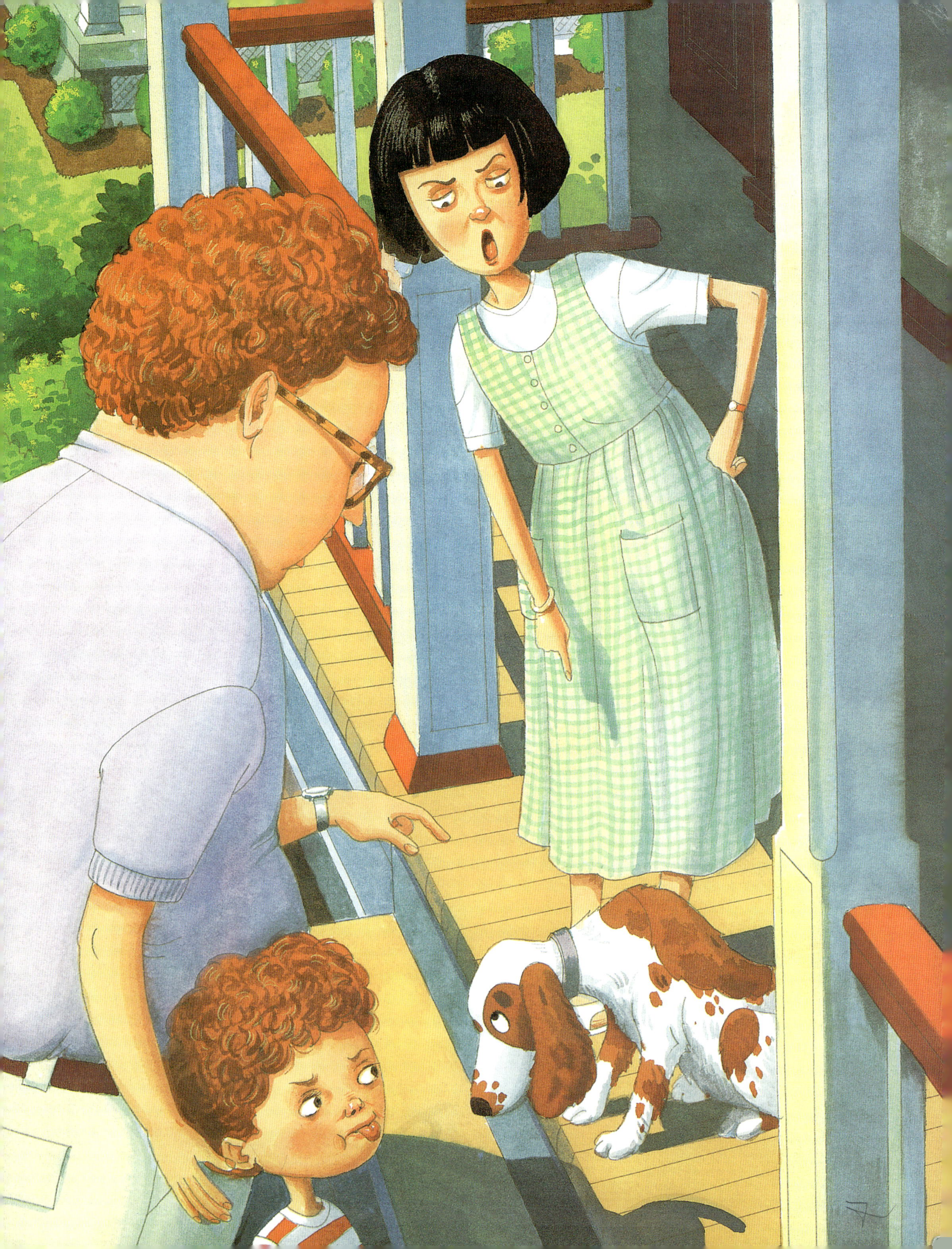

Esa noche, Lucy no pudo dormir. Poco antes de que amaneciera, preparó una maleta. Luego, caminó hasta la parada del autobús.

Unos cinco minutos más tarde, de la nada apareció un enorme autobús.

—¿Es el autobús que va a Ciudad Canina? —preguntó Lucy.

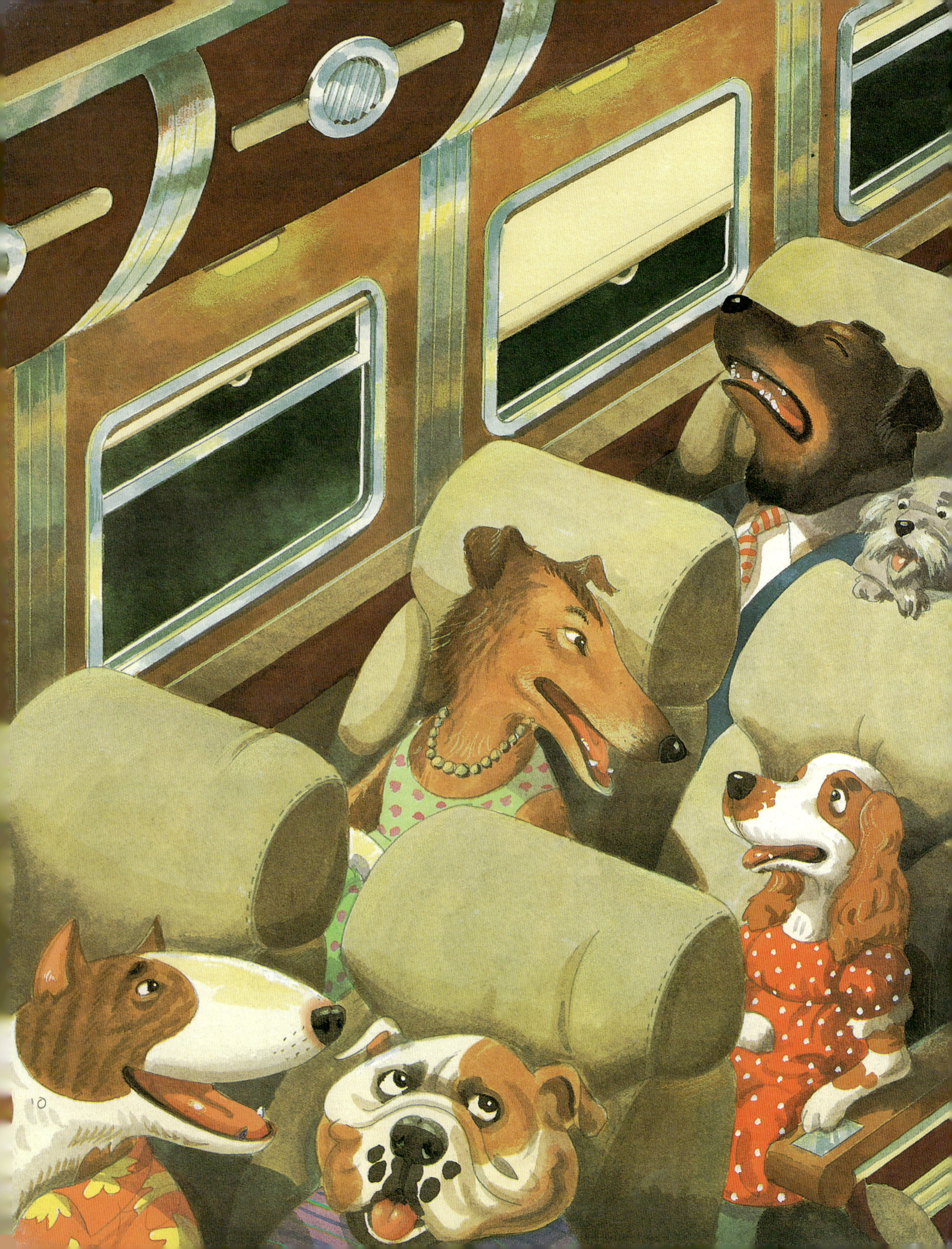

En el autobús, perros de todos los tipos hablaban y comían.

Lucy se acomodó en un mullido asiento. Ya comenzaba a sentirse mejor.

—¿Cuándo decidiste venir? —le preguntó un perro pastor escocés.

—Anoche —respondió Lucy—. Ser un perro de familia es demasiado trabajo.

—¿Los dejarás para siempre? —preguntó un terrier.

Lucy se quedó pensando un momento.
—No estoy segura —comentó.

Comenzaba a amanecer cuando el autobús llegó a Ciudad Canina y se estacionó junto a un transbordador. Lucy bajó del autobús y siguió a la alegre manada al transbordador.

Cuando el transbordador comenzó a alejarse del muelle, Lucy corrió a la proa. Quería sentir el viento salado en la nariz.

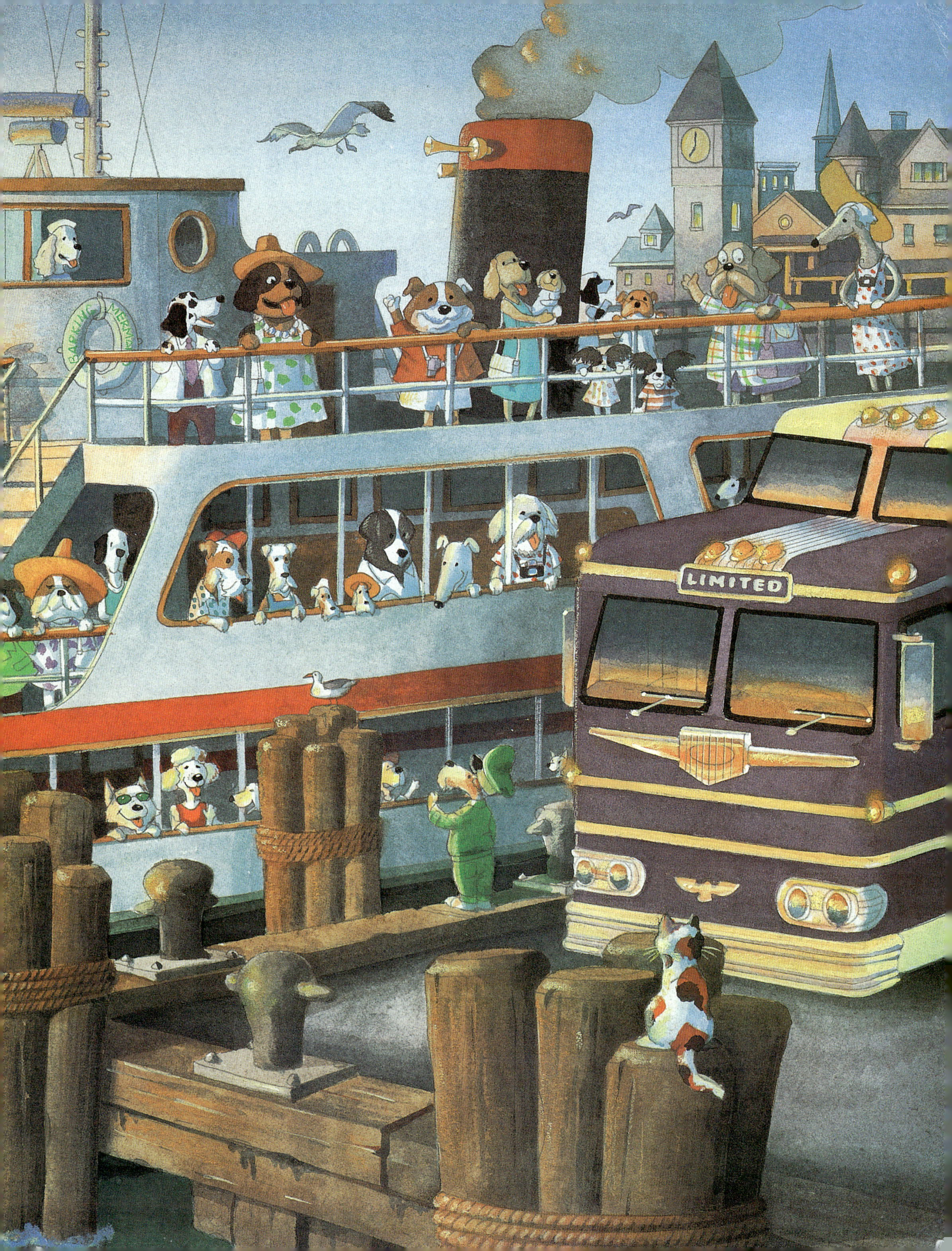
BARKING
LIMITED

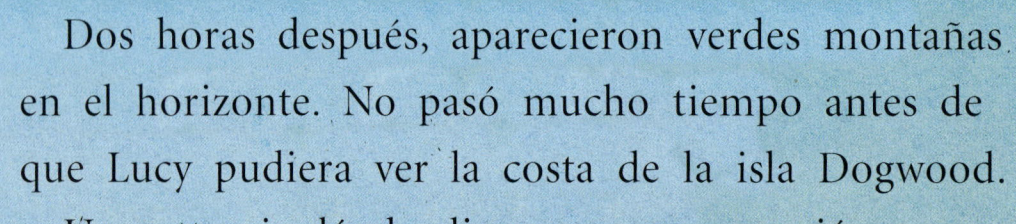

Dos horas después, aparecieron verdes montañas en el horizonte. No pasó mucho tiempo antes de que Lucy pudiera ver la costa de la isla Dogwood.

Un setter inglés le dio un suave empujón a Lucy.

—Este es el único lugar a donde puedes ir cuando te has cansado de ser un perro de familia —dijo el setter.

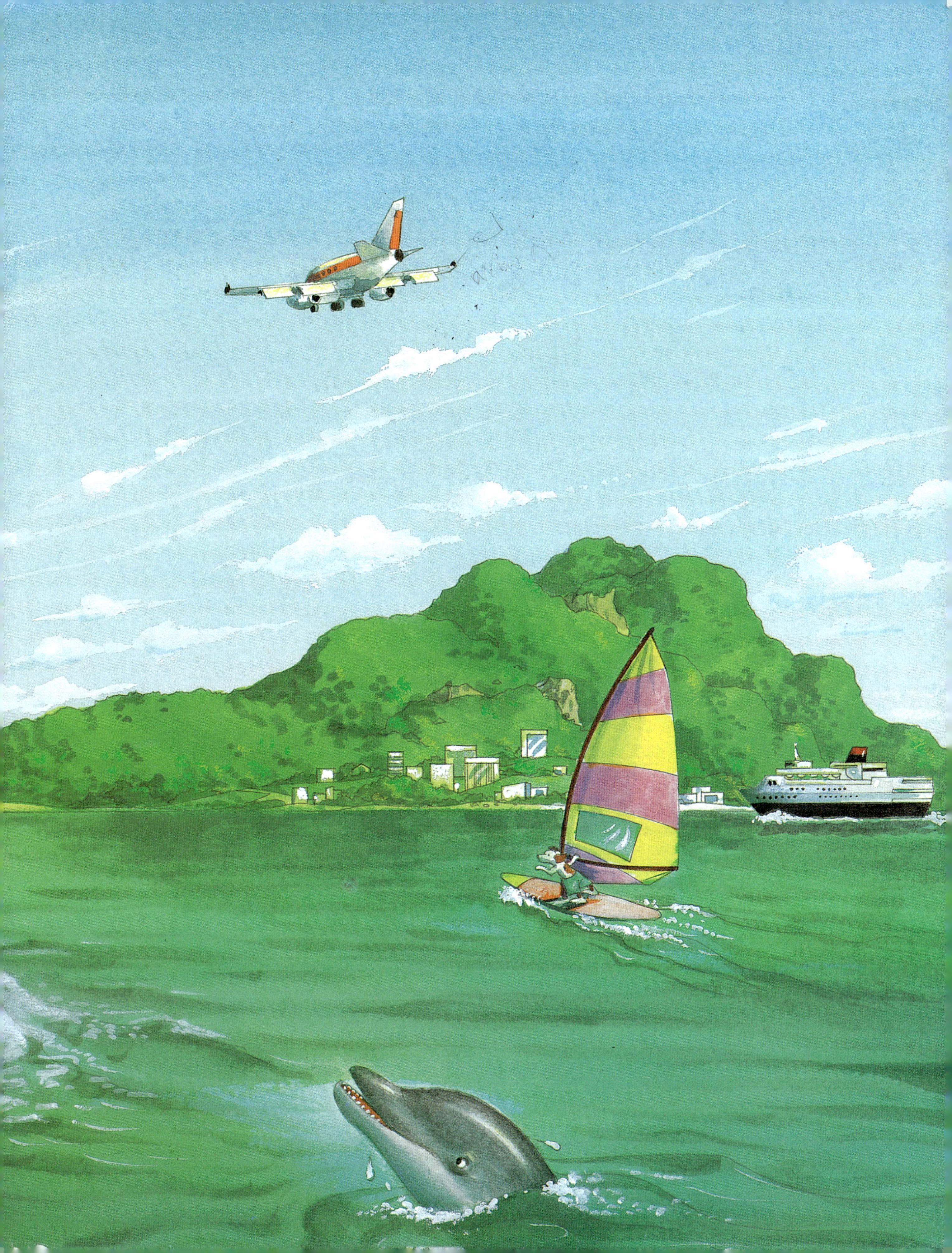

Lucy se registró en un hotel junto a la playa.

—¿Está buscando una perrera permanente? —le preguntó el empleado de la recepción.

—No estoy segura —contestó Lucy.

Lucy ocupó una habitación con vista al mar. Muy pronto, la brisa salada la adormeció.

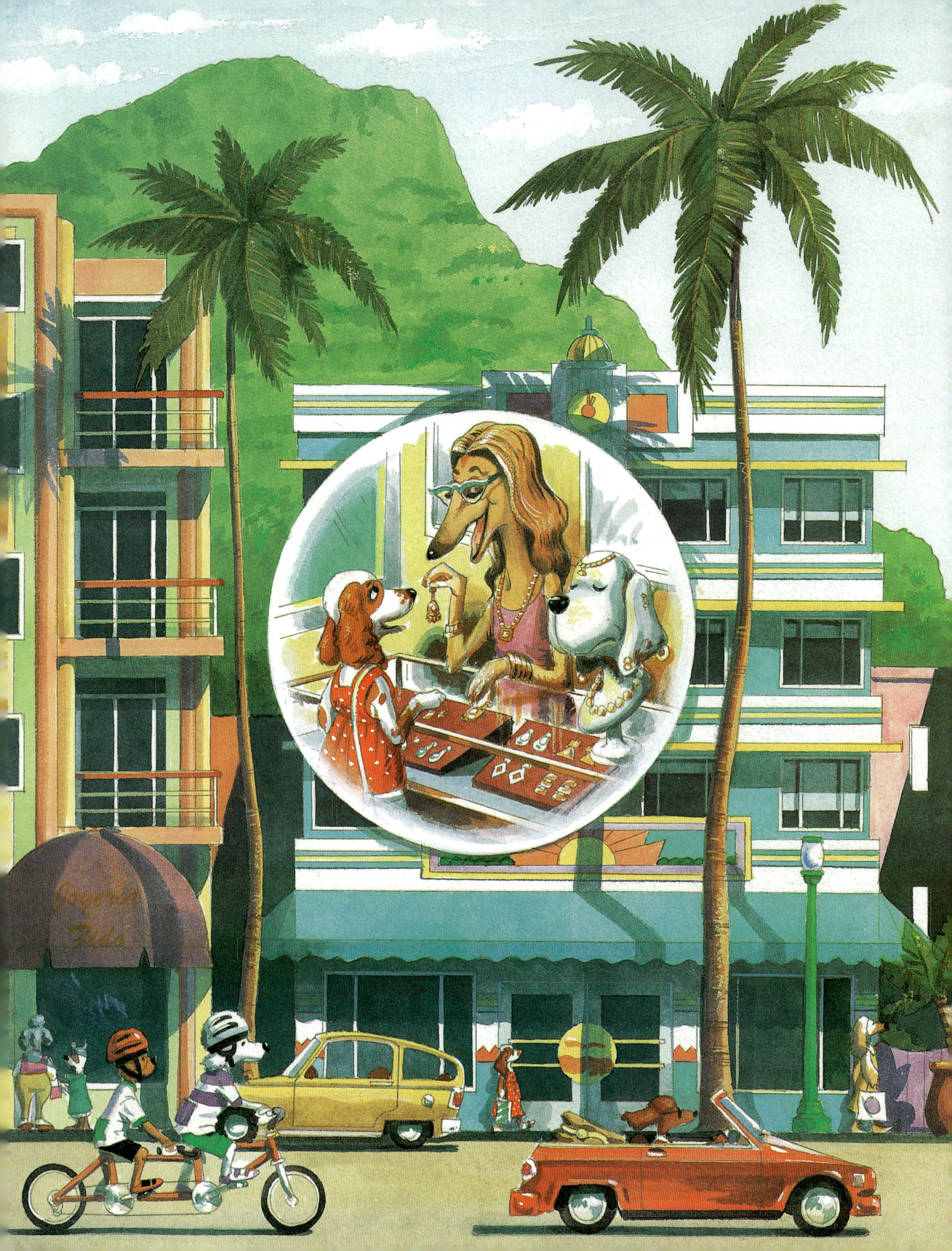

Después de una breve siesta, Lucy salió a conocer la ciudad. Vio un hermoso par de pendientes.

—Se verían muy lindos en sus largas orejas —comentó la dueña de la tienda—. Lléveselos.

Fue entonces cuando Lucy se dio cuenta de que todo en la isla Dogwood era gratis.

Lucy fue al salón de belleza.

—Su pelaje es maravilloso —la alabó la estilista.

Los tres días siguientes fueron unos de los más felices en la vida de Lucy.

El primer día, se fue a bucear.

El segundo día, salió a navegar a vela.

El tercer día, fue de paseo en bicicleta por las montañas.

Además, todas las noches fue a bailar.

La tercera noche, Lucy y sus amigos fueron al parque Coyote. Subieron a todas las atracciones, se tomaron fotos y Lucy incluso ganó un concurso de canto.

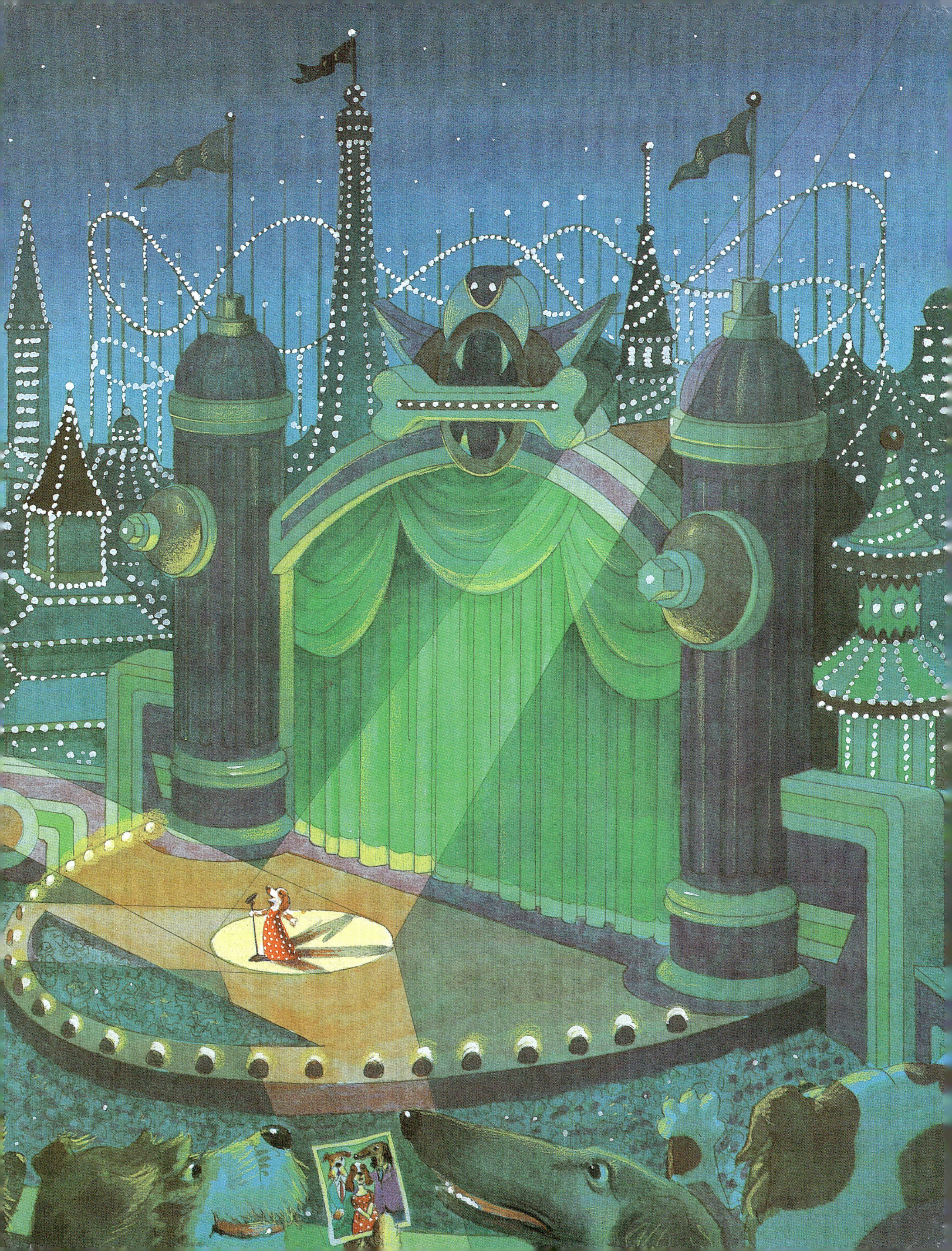

Más tarde, mientras caminaba por la playa, Lucy y sus amigos decidieron jugar con un disco volador.

Después de realizar una espectacular atrapada, Lucy de pronto se detuvo.

—¿Te sucede algo? —preguntó el perro pastor escocés.

—Es hora de volver a casa —respondió Lucy—. Extraño a mi familia y mi disco volador.

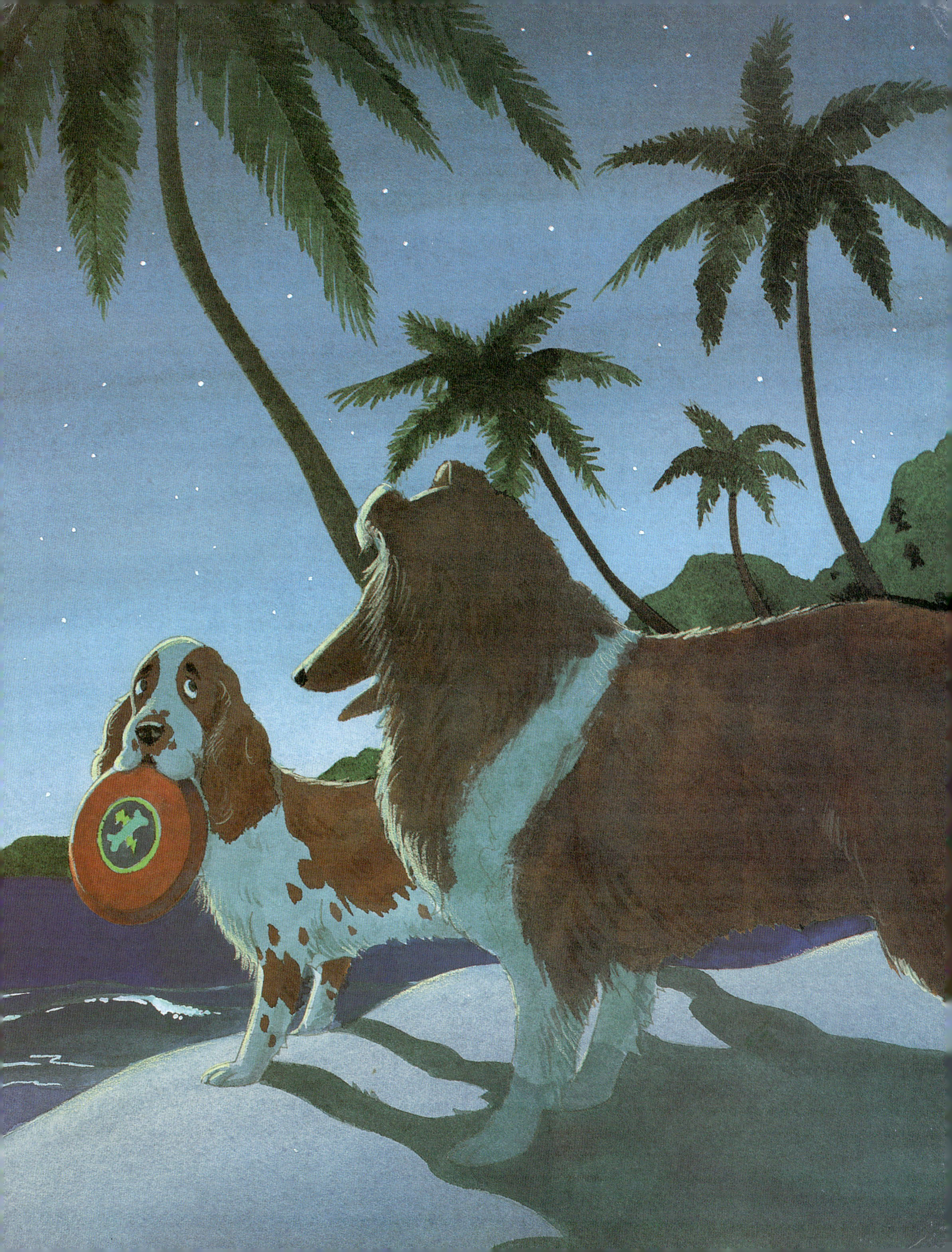

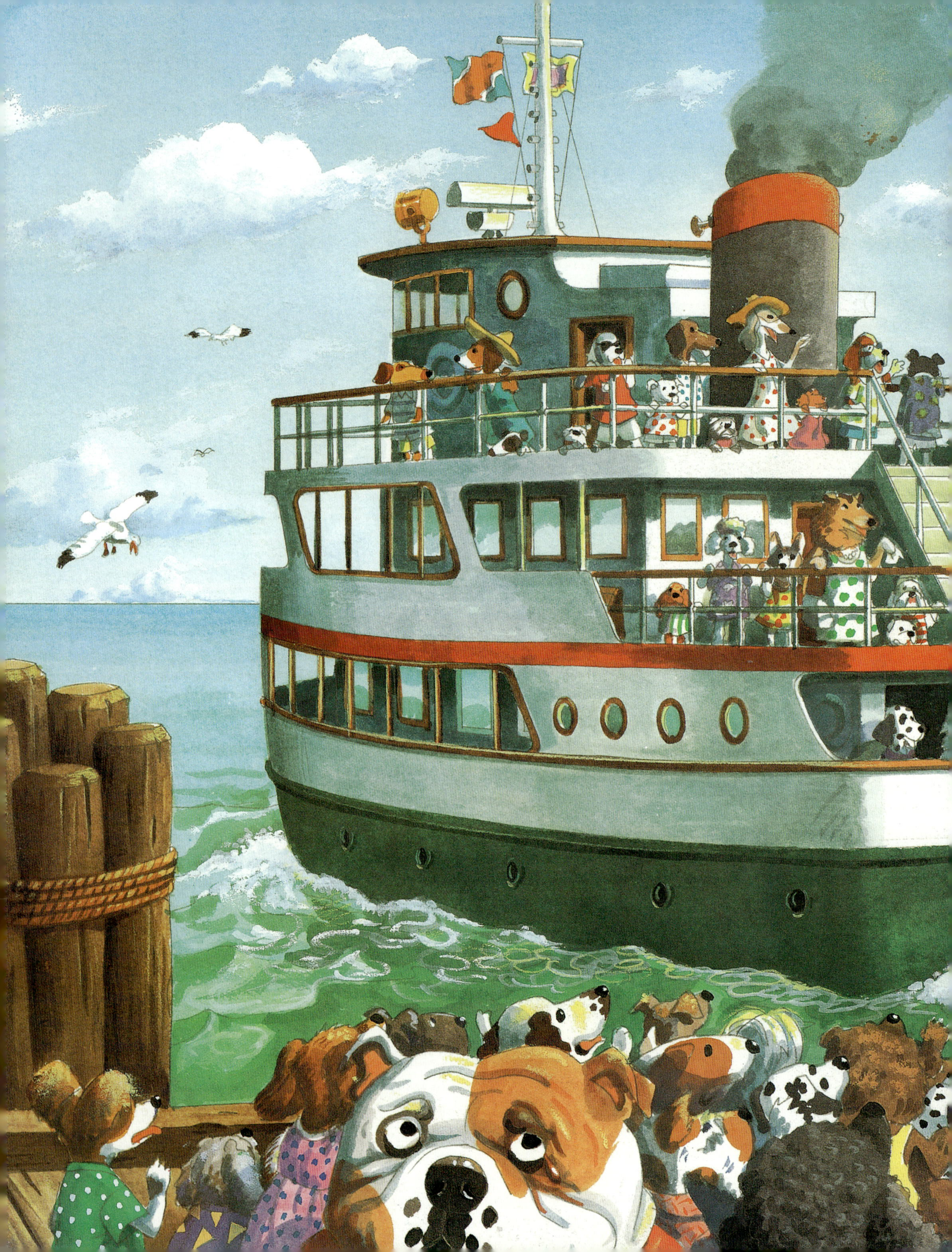

Al día siguiente por la tarde, todos los perros de la isla se reunieron para despedir a Lucy. La brisa marina secó las lágrimas de felicidad en sus ojos.

Casi todos durmieron durante el viaje en autobús de vuelta a casa.

Lucy olfateó el aire cuando el autobús estaba cerca de su vecindario. —De vuelta a casa —susurró.

Después de guardar sus cosas, Lucy se sentó en el porche a esperar al niño que repartía los periódicos.

—Hola, Lucy. ¡Ya regresaste! —gritó el niño.

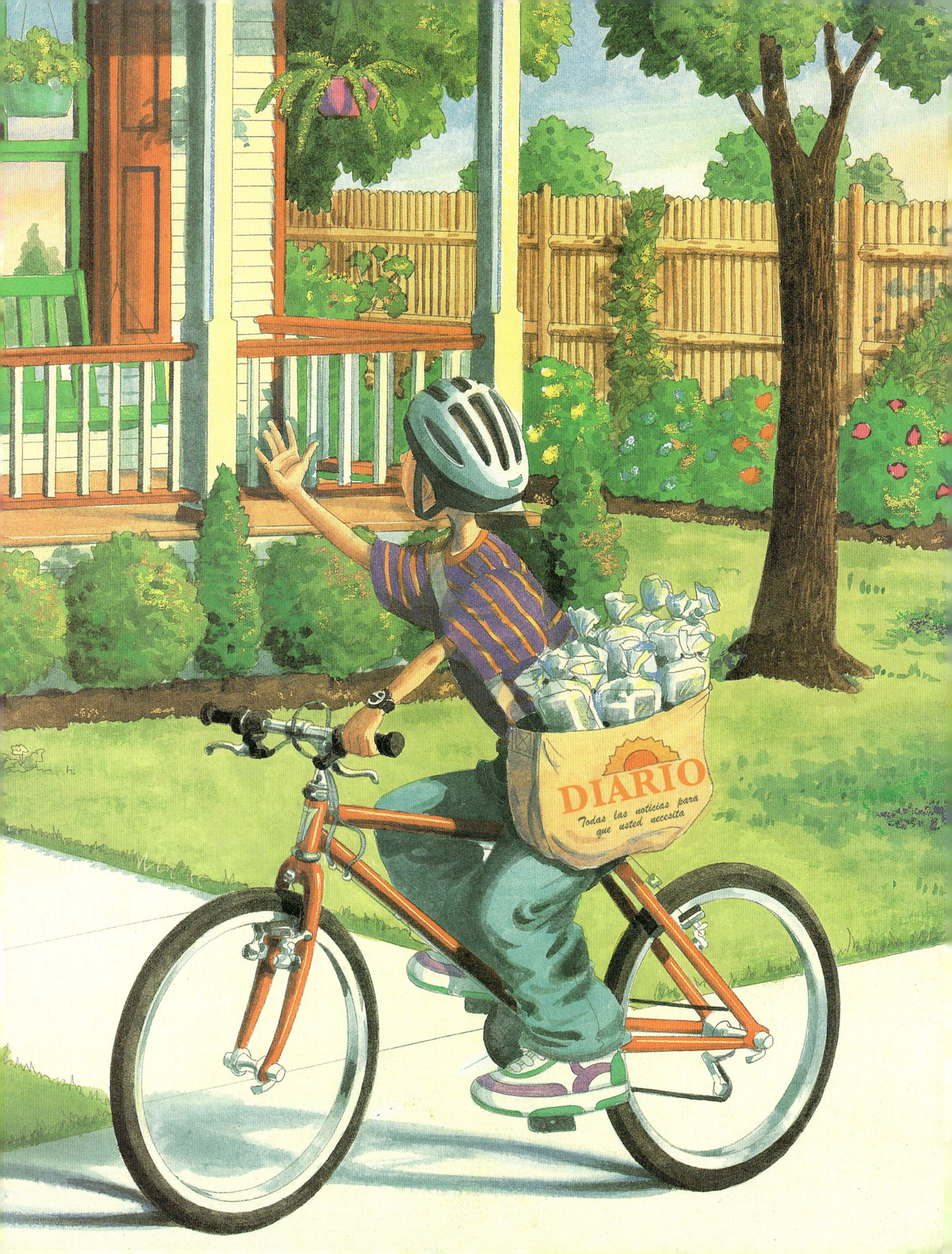
DIARIO
Todas las noticias para que usted necesita

Lucy corrió a la cocina.

—¿Dónde estabas? —preguntó Bárbara—. Te buscamos por todas partes. Pensamos que te habías escapado.

—Te extrañamos mucho —dijo Anthony.

—Parece que alguien le cepilló el pelaje —comentó papá.

—Creo se tomó unas pequeñas vacaciones —añadió mamá.